Vente du Jeudi 2 Mars 1893

A DEUX HEURES PRÉCISES

Hôtel Drouot — Salle n° 10

DESSINS ORIGINAUX

PROVENANT DU

Courrier Français

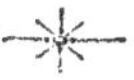

EXPOSITION PUBLIQUE

le Mercredi 1er Mars 1893, de 1 h. à 6 h.

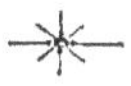

Mᵉ Jules PLAÇAIS | Mᵉ Ed. KLEINMANN
COMMISSAIRE-PRISEUR | EXPERT, MARCHAND DE DESSINS
5, rue Hippolyte-Lebas | 8, rue de la Victoire

PARIS — 1893

Catalogue des Dessins

MIS EN VENTE

à l'Hôtel Drouot, Salle n° 10

le Jeudi 2 Mars 1893

—❊—

Berr (de).
Desbuissons.
Feure (de).
Forain (J.).
Gerbault.
Heidbrinck.
Legrand (Louis).

Lunel.
Marie (Adrien).
Pille (Henri).
Pissaro (Lucien).
Rixens.
Roedel.
Willette (A.)

Mᵉ **Jules PLAÇAIS**
Commissaire-Priseur
5, rue Hippolyte-Lebas.

Mᵉ **Ed. KLEINMANN**
Expert, Mᵈ de Dessins
8, rue de la Victoire.

Exposition Publique le Mercredi 1ᵉʳ Mars

CONDITIONS DE LA VENTE

Elle se fera au comptant.

Les acquéreurs paieront, en sus des adjudi-cations, cinq centimes par franc.

Les dessins sont vendus avec interdiction for-melle de droit de reproduction.

M. Kleinmann se charge des commissions des personnes qui ne pourraient assister à la vente.

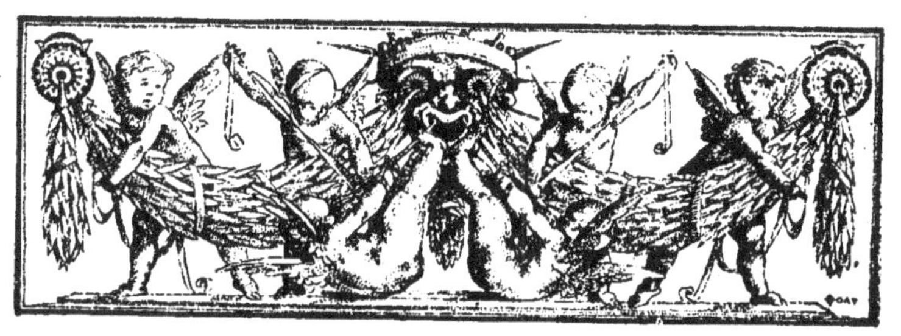

DESSINS

DE BERR

1. Trois croquis.

DESBUISSONS

2. Au bal de l'Hôtel de Ville.

DE FEURE

3. Charité.
4. Frayeur.
5. Tentation.

FORAIN

5bis. Croquis o riginal.
5ter. Croquis original.

6. — C'est ma plus jeune, monsieur... (Épreuve unique
sur chine.)

6bis. Croquis original.

6ter. Croquis original.

7. « ... Rotshchild !!! » (Épreuve unique sur chine.)

8. — ... Si tu v retournais... chez ta femme.
(Épreuve unique sur chine.)

7. — ... Mais qu'est-ce que tu veux donc devenir?...
(Épreuve unique sur chine.)

10. — ... Alors c'est entendu, nous vous attendons
toutes les deux... (Épreuve unique sur chine.)

11. Les Courses à Longchamps. (Épreuve unique sur
chine.)

12. ... Chambré !!! (Épreuve unique sur chine.)

13. La Douloureuse. (Épreuve unique sur chine.)

14. **Mœurs bourgeoises.** — Qui est-ce qui va acheter
de la Banque ottomane à sa petite Niniche?...
(Épreuve unique sur chine.)

15. Un huis-clos. (Épreuve unique sur chine.)

16. Le Maire de Pont-Euxins le soir du 14 juillet.
(D'après un croquis communiqué par son
adjoint.) (Épreuve unique sur chine.)

17. **Haute gomme.** — Oui, ma chère, on ne salue
pas un monsieur qu'on voit en chapeau haute
forme avant midi!... (Épreuve unique sur chine.)

18. Le v'là qui frappe!!... (A M. Ferrouillat, ministre de
la justice.) (Épreuve unique sur chine.)

19. **Chez ces Dames.** — ... Encore celle-là?... Mais
tu ne vois donc que des géants!! (Épreuve unique
sur chine.)

20. Un Monsieur qui veut manquer son train.
(Épreuve unique sur chine.)

21. — C'est peut-être toi qui paierais les mois de
nourrice!... (Épreuve unique sur chine.)

22. Le Chocolat du Planteur. (Épreuve unique sur chine.

23. ... Y'a un minis' qui vient d'monter avec la né-
gresse! (Épreuve unique sur chine.

24. — « Tu viens de jouer : tu as perdu, f... le camp! »
(Épreuve unique sur chine.)

25. — ... Où suis-je? Je me trompe...
— Vous êtes chez un membre de la commission
du budget. (Épreuve unique sur chine.)

26. — Allons, vite ma clé!... (Épreuve unique sur chine.

27. — Tu ne réussiras jamais au théâtre!!! (A Fran-
cisque Sarcey.) (Épreuve unique snr chine.)

28. **Les Joies de l'Adultère.** — ... Le gaz est éteint...
tu peux filer... (Épreuve unique sur chine.)

29. **Le 15.** — Dites-moi, meussieur Etienne, vous
seriez bien gentil de remonter à midi! (Épreuve
unique sur chine.)

30. — Je crois que c'est Sarcey!... (Épreuve unique
sur chine.)

31. — Merde!... ma table est prise!... (Épreuve unique
sur chine.)

32. — R'garde-moi c'te pelure! V'là ce qu'elle nous
ramène maintenant!... (Épreuve unique sur chine.)

33. — Vois-tu ce gros monsieur blond, là-bas, à
gauche, qui dîne en face d'une dame en
rouge? c'est ton père! (Épreuve unique sur chine.)

34. **Le Célibat.** — Dis-donc, est-ce que tu ne pourrais pas dire à ta patronne que ton panier est trop lourd?... Tu viendrais avec la petite rousse! (Épreuve unique sur chine.)

35. — Allez, allez, blaguez toujours, vous en trouverez beaucoup des mamans comme moi! (Épreuve unique sur chine.)

36. — On sonne! Si c'est l'Anglais d'hier, maman, tu t'en iras! (Dessin poursuivi.) (Épreuve unique sur chine.)

37. **La Pornographie au Salon.** — Dis-donc, maman, regarde-les donc tous et papa avec, lui qui parle toujours contre le *Courrier Français*. (Épreuve unique sur chine.)

38. **Les Satisfaits.**
— Comment, encore avec son choriste?
— Oui, madame!
— Ah! mossieur le comte, le temps de passer un jupon et je vous la ramène. (Épreuve unique sur chine.)

39. **Les Satisfaits.** — Le lendemain d'une culotte. (Épreuve unique sur chine.)

40. **Les Satisfaits.** — Que j'vous fasse rigoler, v'là sa perruque que j'y ai pris pendant qu'y dort! (Épreuve unique sur chine.)

41. — ... Où diable met-y ses cigares? (Épreuve unique sur chine.)

42. **Mœurs d'atelier.** — Il me faut dans six jours trois Corot et un Diaz : Faites-le travailler, madame! (Épreuve unique sur chine.)

43. — Comme ça je ne dois plus rien... Ah si tous les
huissiers étaient comme vous!... (Épreuve unique
sur chine.)

44. **Les Joies de l'Adultère.**
— Comment, encore un fiacre!
— Ma chère, puisque vous ne voulez pas venir
à l'hôtel! (Épreuve unique sur chine.)

45. **Les Étrangers à Paris.**
— Je suis sûre qui m'blague, ton ami?
— No, y vous trouve un bonn' pioutain. (Épreuve
unique sur chine.)

46. — Ses lettres? Y peut s'fouiller, c'est maman qui
les a, ses lettres. (Épreuve unique sur chine.)

47. — Vous auriez peut-être aimé mieux ma mère.
(Épreuve unique sur chine.)

48. — S'rais tu assez chouet! si tu n'voulais plus boire.
(Epreuve unique sur chine.)

49. **Les Satisfaits.** Un peu de chantage. (Épreuve unique
sur chine.)

50. — Tout ça, c'est pour montrer à Monsieur qu'on
peut en faire autant que Madame. (Épreuve unique
sur chine.)

51. — Voyons, un peu de courage, tu *rendras* à la mai-
son. (Épreuve unique sur chine.)

52. — Pourquoi pleures-tu ?
— Parc' que vous m'avez dit qu' ça s'verrait
toujours que j'ai eu un gosse. (Épreuve unique
sur chine.)

53. — She is exquisite.
— Qu'est-ce qu'y dit.
— Y dit que Madame est épatante. (Épreuve
unique sur chine.)

54. **Les Joueurs.** — Jouez à gauche!

    — Non, à droite et la seconde!

      Vous indiquez le jeu!

    — Moi j'en demanderais!...

    — Laissez-donc, monsieur sait jouer!... (Épreuve unique sur chine.)

55. — Pour une chemise cintrée avec mon chiffre et une couronne, je ne peux pas m'en tirer à moins de quatre-vingts francs! (Épreuve unique sur chine.)

56. — V'là les paroles exactes du *chasseur* : « Monsieur le baron est sorti! » (Épreuve unique sur chine.)

57. **Au Rat.** — Sans les femmes, qu'est-ce qui nous resterait?... (Épreuve unique sur chine.)

58. **A l'Assommoir.** — Dis-donc, Mélie, j'crois qu'y a eun' jeustice! T'as vu c'qu'on les a sucrés! (Épreuve unique sur chine.)

59. **Aux Oiseaux.** — Mesdemoiselles, nous allons nous rendre à la chapelle et prier pour notre chère rédaction du *Courrier Français*, si cruellement éprouvée dans la personne de MM. Roques, Legrand, Zier et Lanier. (Épreuve unique sur chine.)

60. — ... Le boa de ta femme pour mes étrennes! tu te f...trais de moi! (Épreuve unique sur chine.)

61. **Les Étrennes de Justin.** (Épreuve sur chine.)

62. — ... On voulait te l'cacher... Eh bien, c'est l'hypnotisme!... (Épreuve unique sur chine.)

63. **L'Inconnu.** (Épreuve unique sur chine.)

64. **Les Effets du divorce.** — Tu ne les regardais pas comme ça, quand nous étions mariés. (Épreuve unique sur chine.)

65. Un Rêve. (A Émile Zola.) (Épreuve unique sur chine.)

66. — ... Comment, t'es peintre!!! (Épreuve unique sur chine).

67. — C'est à prendre ou à laisser, j'veux qu'tu mènes ma mère au Bois!... (Épreuve unique sur chine.)

68. Soumission. (Épreuve unique sur chine.)

69. — Avec tes femmes du monde tu commences à me raser! C'est peut-être moi qui t'ai fait cocu. (Épreuve unique sur chine.)

70. — Ne plus voter, ça m'est égal. Deux mois de prison, ce n'est encore rien. Mais, comprends-tu, cinq cents francs d'amende!!! aussi j'y renonce, rhabille-toi et va chez Bouguereau... (Épreuve unique sur chine.)

71. **Mœurs bourgeoises.** — Il a été à Mazas, c'est vrai... mais c'était pour banqueroute frauduleuse!... (Épreuve unique sur chine.)

72. **Projet d'éventail.** (Épreuve unique sur chine.)

H. GERBAULT

73. Offrande.

HEIDBRINCK

74. Étude.

75. Nocturne.

76. Sortie de théâtre à Londres.

100. Les Modèles (deux panneaux).

100bis.　　—　　　　—

101. Les Chanteurs de cour.
Si les femmes savaient,
Si les femmes savaient s'y prendre.

102. La Première flambée.

103. Croquis de Londres. Le Petit Dessinateur en plein vent.

104. Chez le pharmacien. Confidence printanière.

105. — Tu ne penses donc qu'à l'argent!...

106. ...?

107. La Cueillette des cerises.

108. Les Petites Misères de la vie théâtrale. Attendant que la salle soit mieux garnie!

109. Le Poète des salons.

110. A la fête de Montmartre.

111. Sur les quais.

112. Boulevard extérieur. — Dis-donc, bébé! veux-tu monter?... J'ai un bon feu!...

113. L'Amour à travers les âges.

114. — V'là le *Courrier Français* qu'on expose.

115. Le Jour du mégot.

LOUIS LEGRAND

116. *A Jacques le coupeur*. — Tue-moi si tu veux, mais ne me coupe pas en treize morceaux, ça me porterait malheur.

117. Fin de chanson fin de siècle.

136.
> La possession dégoûte
> Et pourtant je te veux toute
> Jusqu'à la dernière goutte.

— Je t'en prie, ferme ça.

137. Le Crime de la rue Taitbout. (*Dédié à M. Loze, préfet de police.*) — Ne cherchez pas l'assassin, c'est Constant.

138. — Foutu printemps! avec leur politique, c'est la morte-saison.

139. Le Sommeil de l'innocence.

140. La Korrighane. (Eau-forte.)

141. Pourvu qu'il ait de la bise, une bonne chique et que ses cheveux frisent... (Eau-forte.)

142. Un vieux et une jeune pêchant des vieilles. (Eau-forte.)

143. Deux Animales. (Eau-forte.)

144. Le père Herjean se lève tous les jours à trois heures du matin par rapport aux bestiaux : les bestiaux c'est un mouton et deux poules. (Eau-forte.)

145. Un Homme de sport. (Eau-forte.)

146. Espérant du poisson. (Eau-forte.)

147. L'Intrépide Sévellec... du cercle des Faucheurs. (Eau-forte.)

148. La Vache à lait. (Eau-forte.)

149. Le Chercheur de poux. (Eau-forte.)

150. Sur la grand'place à Kérigou. — Les Deux Can-canières. (Eau-forte.)

151. Dessin ayant servi à illustrer le programme
d'un bal du *Courrier Français*, le bal des
Grands Enfants.

152. Auscultation.

153. Echo d'automne.

154. Prostitution. (Dessin poursuivi et condamné.)
(Épreuve.)

LUNEL

155. Concert de la Tour-Eiffel.

156. La Fête foraine à Montmartre.

157. Entr'acte.

158. (*Dédié à la ligue contre la licence des rues.*)
Chez le photographe. — Un peu plus de décol-
letage... C'est très bon pour la vente.

159. Le Patinage sur le lac.

160. Régates de Bougival. Le Vainqueur de la course
en as.

161. (*Dédié à la ligue contre la licence des rues.*
Chez le pédicure.

162. Dans l'île de Bougival.

163. (*Dédié à la ligue contre la licence des rues.*
Chez le coiffeur de ces dames.

164. (*Dédié à la ligue contre la licence des rues.*)
Chez le dentiste. Chloroformée.

165. (*Dédié à la ligue contre la licence des rues.*)
Le conducteur trop empressé.

166. (*Dédié à la ligue contre la licence des rues.*)
Le Petit Banc.

167. Le Voyeur du cinquième. (Dessin poursuivi et condamné.)

168. L'Affiche du *Courrier Français* à l'exposition de Blanc et Noir en 1890.

ADRIEN MARIE

169. Un Cabinet particulier à sept heures du matin.

HENRI PILLE

170. La Chanson poissarde.

171. La Chanson du soldat.

172. La Chanson de Béranger.

173. Pour sa belle.

LUCIEN PISSARO

174. La Sieste.

RIXENS

175. Le Champagne.

RŒDEL

176. Jour de cuite ou la mort du chef-d'œuvre.

177. Les Prévoyantes de l'avenir.
— Tu as commencé jeune.
— Pour finir plus tôt à trente ans je serai dame patronnesse.

178. Voyeurs à bon marché.

179. La Brune. La Blonde.

180. Femmes d'artistes.

181. Impressionnistes et Pâteux.

182. Femmes d'artistes.

WILLETTE

183. — Bonne année à Sylvestrine, la dévouée concierge du *Courrier Français* qui nous sert de modèle vers les fins de mois. (Dessin original.)

184. — C'est un rien, c'est les Quatr'-z'-Arts qui vont chahuter au Moulin-Rouge. (Dessin original.)

185. Encadrement. (Dessin original.)

186. — Regarde, Pierrot... Hé! Pierrot!... écoute donc... Regarde mon joli linge blanc... (Dessin original.)

187. Le Meilleur des professeurs. — A jeudi, ma couvée chérie, et soyez sages. (Dessin original.

188. Dessin original ayant servi à illustrer l'invitation du bal du *Courrier Français*, le bal des femmes.

189. Le Mauvais Larron.
Celle qu'il avait associée à sa vie de bandit, le retrouvant crucifié et expirant s'sentit émue et ne voulant pas que son dernier soupir soit un blasphème lui donne un dernier et suprême baiser.
(Épreuve d'un tableau de Willette.)

190. Rayon de lune.

> En lui dérobant son lis, Pierrot fantôme lui a pris
> son dernier soupir.
>
> *De profundis pour la pauvre mimi Pinson.*
> (Épreuve unique sur chine.)

191. — ... Et elle sera à vapeur, mon bourgeois!
(Épreuve unique sur chine.)

192. — ... Le vin rouge ne nous donne pas l'oubli : il
nous réchauffe le cœur, car c'est le sang de nos
pères qui a arrosé les côteaux de France...!
(Épreuve unique sur chine.)

193. Le Froid mystique. — La Vieille Fille : « Pauvre
amour! je ne puis te réchauffer, mon cœur
est mort de froid. » (Épreuve unique sur chine.)

194. Les petits oiseaux meurent les pattes en l'air...
(Épreuve unique sur chine.)

195. Ah! ah! le Sacré-Cœur. (Épreuve unique sur chine.)

196. — Mimi Pinson, tu iras en paradis! (Épreuve unique
sur chine.)

197. Pour le roi de Prusse. (Épreuve unique sur chine.)

198. Noël!!! — A ta santé, Séraphin. — A la tienne,
Satan! (Épreuve unique sur chine.)

199. — M'sieu!... Permett'e d'arranger ma jarretière?
(Épreuve unique sur chine.)

200. — Aïe!... mon corset!... aïe!... permett'e... pas
m'sieu? (Épreuve unique sur chine.)

201. — Ben quoi, l'ancien, on fait sa Léda? (Épreuve
unique sur chine.)

202. Étude. (Épreuve unique sur chine.)

203. — Aho! l'exposition universelle du *Courrier
Français!* Ah! schoking, sir Eiffel! (Épreuve
unique sur chine.

Paris — Imp. A. Lanier et ses Fils, 14, rue Séguier.